DATE DUE

SP
780
EAS   Easterling, Lisa
           Musica

$16.12
BC#32457105001808

DATE DUE	BORROWER'S NAME

Nuestra comunidad global

Música

Lisa Easterling

Heinemann Library
Chicago, Illinois

Customer Service 888-454-2279
Visit our website at www.heinemannraintree.com

Designed by Joanna Hinton-Malivoire
Photo research by Ruth Smith
Printed and bound in China by South China Printing Co. Ltd.
Translation into Spanish produced by DoubleO Publishing Services

11 10 09 08 07
10 9 8 7 6 5 4 3 2 1

The Library of Congress has cataloged the first edition of this book as follows:
Easterling, Lisa.
  [Music. Spanish]
  Música / Lisa Easterling
      p. cm. -- (Nuestra comunidad global)
  Includes index.
  ISBN 1-4329-0448-5 (hb - library binding) -- ISBN 1-4329-0457-4 (pb)
  1. Music--Social aspects--Juvenile literature. I. Title.
  ML3928.M34418 2007
  780--dc22

                         2007022309

Acknowledgements
The publishers would like to thank the following for permission to reproduce photographs: Alamy pp. **15** (Mauricio-José Schwarz), **16** (AAD Worldwide Travel Images); Corbis pp. **4** (Tim Pannell), **6** (Gideon Mendel), **7** (Jim Zuckerman), **9** (Richard T. Nowitz), **10** (M.A.Pushpa Kumara/epa), **11** (Gavriel Jecan), **14** (Free Agents Limited), **17** (Royalty Free), **19** (Bruce Connolly), **20** (Bob Sacha), **21** (Lindsay Hebberd); Eyewire pp. **22** (musical instrument images); Getty Images pp. **5** (National Geographic), **8** (Stone), **12** (Robert Harding World Imagery), **13** (Blend Images), **18** (Photonica).

Cover photograph reproduced with permission of Getty Images/Imagebank. Back cover photograph reproduced with permission of Getty Images/Blend Images.

Every effort has been made to contact copyright holders of any material reproduced in this book. Any omissions will be rectified in subsequent printings if notice is given to the publishers.

The paper used to print this book comes from sustainable resources.

Contenido

Hacer música

Las personas hacen música.

Las personas hacen música de
muchas maneras.

Las personas hacen música
dando palmas.

Las personas hacen música golpeando
el suelo con los pies.

Las personas cantan.

Las personas tocan instrumentos.

Las personas tocan instrumentos
con las manos.

Las personas tocan el tambor con
las manos.

Las personas tocan instrumentos con
los dedos.

Las personas tocan la guitarra con
los dedos.

Las personas tocan la gaita con la boca
y con los dedos.

Las personas tocan la flauta con la boca y con los dedos.

Las personas tocan música juntas.

Las personas tocan música solas.

¿Por qué tocan música las personas?

Las personas tocan música
para celebrar.

Las personas tocan música en
días especiales.

Las personas tocan música para bailar.

Las personas tocan música para divertirse.

Instrumentos musicales

Instrumentos
de cuerda

Instrumentos
de viento

Instrumentos
de percusión

Glosario ilustrado

celebrar mostrar que estás feliz por algo

instrumento algo que tocas para hacer música

Índice

Nota a padres y maestros

Esta serie abre los horizontes de los niños más allá de sus vecindarios para mostrarles que las comunidades en todo el mundo comparten similares características y rituales de la vida diaria. El texto ha sido seleccionado con el consejo de un experto en lecto-escritura para asegurar que los principiantes puedan leer los libros de forma independiente o con apoyo moderado. Unas fotografías impresionantes refuerzan visualmente el texto y el material capta la atención de los estudiantes.

Usted puede apoyar las destrezas de lectura de no ficción de los niños ayudándolos a usar el contenido, el glosario ilustrado y el índice.